PIERRE VALDO

ET LES

VAUDOIS DU BRIANÇONNAIS

COMMUNICATION

faite à la Société d'Histoire et d'Archéologie de Genève

le 25 mars 1880

PAR

ALEXANDRE LOMBARD

GENÈVE

IMPRIMERIE JULES-GUILLAUME FICK

1880

L27n
33069

C. KLINCKSIECK
LIBRAIRE DE L'INSTITUT DE FRANCE.
11, RUE DE LILLE, PARIS.

PIERRE VALDO

ET LES

VAUDOIS DU BRIANÇONNAIS

L 27
n
33069 Ld 175
*

PIERRE VALDO

ET LES

VAUDOIS DU BRIANÇONNAIS

COMMUNICATION

faite à la Société d'Histoire et d'Archéologie de Genève

le 25 mars 1880

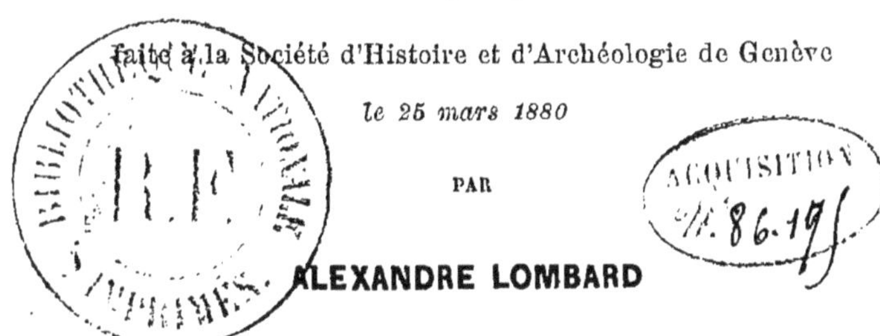

PAR

ALEXANDRE LOMBARD

GENÈVE

IMPRIMERIE JULES-GUILLAUME FICK

—

1880

Messieurs,

Le sujet dont je vais avoir l'honneur de vous entretenir se compose de deux parties distinctes et pourtant connexes, puisqu'elles se rattachent à l'histoire des Vallées vaudoises. La première est relative aux origines de Pierre Valdo; la deuxième aux persécutions exercées au XIVe siècle contre les Vaudois du Briançonnais.

I

Pierre Valdo.

Personne n'ignore que les opinions les plus diverses ont été émises au sujet du lieu d'origine de l'illustre apôtre du moyen âge, ainsi qu'à l'égard du nom donné à ses disciples. Valdo a-t-il été ainsi désigné en raison de son origine vaudoise, ou le nom de Vaudois vient-il de Valdo? telle est la question difficile qui se pose devant l'histoire. Aussi est-il arrivé que bien des auteurs se sont refusés à trancher ce problème, combattus qu'ils étaient, en abordant le sujet, entre les assertions des écrivains des Vallées attachés à l'antiquité apostolique de leur Eglise ainsi qu'à l'antériorité de leur nom, et l'opinion contradictoire de certains critiques allemands et autres, qui ne veulent reconnaître chez les Vaudois des Alpes cottiennes que des disciples de Valdo. C'est le parti qu'a cru devoir prendre celui qui vous parle, dans le volume qu'il a récemment publié sur les sectes du moyen âge. [1]

M. B. Tron, pasteur dans ces mêmes vallées, a suivi à cet égard une voie plus prudente que la plupart des écrivains ses compatriotes. Dans l'histoire aussi instructive qu'intéressante qu'il vient d'écrire sur Pierre Valdo, sans renoncer à émettre un avis favorable à la parenté religieuse du réformateur de Lyon avec les Vaudois des Alpes cottiennes, il a évité de donner un caractère absolu à son point de vue, et, sans entrer dans les détails, il se borne à faire entrevoir — et je me sers ici de ses propres expressions — que « cette difficulté historique ne lui semble pas être aussi définitivement résolue qu'on a cru pouvoir l'affirmer. »[2] En con-

[1] *Pauliciens, Bulgares et Bonshommes*. Genève-Bâle, Georg, 1879.

[2] *Pierre Valdo et les pauvres de Lyon*, p. 139.

firmation de l'espoir qu'il entrevoit d'une solution, voici une donnée nouvelle que je vous présenterai sous toute réserve, mais qui me paraît cependant digne d'attention. Je la tiens de M. Gauduel, greffier à la Cour de Grenoble. Les connaissances historiques de ce laborieux investigateur, qui a fouillé les archives du Dauphiné et dont les lumières ont été mises à profit par mon parent, M. H. Morin-Pons, de Lyon, dans son important travail sur la *Numismatique féodale du Dauphiné*,[1] ne sauraient laisser aucun doute sur sa compétence. Au surplus, l'opinion qu'il énonce à ce sujet n'est qu'un détail très secondaire de la lettre étendue et instructive qu'il m'a écrite, et dont je me suis cru tenu de vous faire part. Cela nous conduira en forme de préambule aux martyrs vaudois du Briançonnais, sur lesquels on n'a eu, jusqu'ici, que peu de détails précis.

Revenant à Valdo, je rappellerai tout d'abord que son prédécesseur, comme prédicateur de l'Evangile et des doctrines anti-romaines dans les vallées du Dauphiné, avait été Pierre de Bruys, dont la tradition place la naissance dans une des gorges voisines de Briançon et au pied du Pelvoux. On sait que c'est à ce fougueux réformateur qu'il a

[1] Paris, Rollin, 1854.

surtout appartenu de préparer avec Henry, dit de Lausanne, le mouvement albigeois.

Cela dit, voici ce que m'écrit M. Gauduel à son sujet :

« L'opinion que vous avez émise et qu'admettent la plupart des auteurs, est que l'origine de la secte des Vaudois est bien antérieure à Valdo. Pierre de Vaux, dit Valdo, à mon avis, n'aurait été tout d'abord qu'un sectateur de Pierre de Bruys, originaire de Vallouise, localité dénommée au moyen âge tantôt Vallepute, tantôt Putainval, située sur le versant oriental du Pelvoux. [1] Ce

[1] On sait que ce fut en 1629 que Louis XIII, allant en Italie, transforma l'ancien nom de Vallepute ou Putainval en celui plus gracieux de Vallouise. Quant au premier nom, on n'est pas fixé, que je sache, sur son origine.

Essayons, à ce sujet, quelques explications. — On est en droit de se demander tout d'abord s'il faudrait l'attribuer à quelque circonstance se rattachant aux mœurs relâchées que le clergé se plaisait à attribuer, fort à tort, paraît-il, à certains sectaires de l'espèce des Bogomiles (voir à ce sujet l'écrit déjà cité, *Pauliciens, Bulgares*, etc., p. 77, 79, 82, 160). — Ou bien ce nom dériverait-il, selon un renseignement dû à l'obligeance de M. le prof. Ritter, de Genève, de l'antique adjectif provençal *put* (pute racine, pute herbe ; des Sarrasins qui tiennent putes lois), dérivé lui-même du latin *putidus*. Un exemple analogue se rencontre dans le mot Malval. — Ou enfin, faut-il admettre avec M. Gauduel que le mot Vallepute dérive des mots latins *vallis*, vallée, et *puteus*, le mot *pute* devant être pris ici comme l'équivalent, soit de *puits* (ce serait alors la vallée *profonde*), soit, ce qui paraît préférable à M. Gau-

Valdo se serait ensuite fixé à Lyon, où il aurait acquis une grande fortune dans le commerce. C'est là que, plus tard, il se serait fait un apôtre ardent de la doctrine de Pierre de Bruys, son compatriote; puis, poursuivi à cause de son prosélytisme, il se serait réfugié dans son propre pays pour échapper aux dangers de la persécution. Ce qui fortifierait mon opinion, continue M. Gauduel, c'est que depuis un temps immémorial les habitants du Briançonnais et de l'Oisans émigrent chaque année à l'étranger pour y faire du commerce. Bien souvent ils s'y fixent définitivement et y acquièrent par leur esprit de conduite et d'économie de belles positions et de la fortune. » [1]

Mais revenons-en au point essentiel de la lettre de M. Gauduel, en le faisant précéder de quelques remarques.

duel, de *puy*, colline, lieu élevé, montagne (ce serait alors la vallée de *montagne*), formes que le mot *puteus* revêt d'ordinaire en passant au français (voir le Glossaire de Du Cange au mot *puteus*)? — Nous ne déciderons pas.

[1] Guy Allard prétend que Valdo était originaire de Vaux en Velin, ou de Vaux-milieu en Viennois, sans préciser ; et que c'est, sans doute, par la similitude du nom qu'il a déterminé ce lieu d'origine.

II

Persécutions exercées contre les Vaudois du Briançonnais.

Cette vallée alpestre, située à l'ouest du Mont Viso et sur le revers oriental du massif du Pelvoux, est parcourue par la Haute-Durance. Elle est, en outre, coupée par de nombreux cours d'eau qui descendent abruptement des glaciers et des sommités neigeuses, et qui la rendent en maints endroits d'un accès difficile. Par suite de ces accidents de la nature, le Briançonnais se trouve être l'une des contrées les plus désolées et les moins peuplées de la France. Les villages et les bourgs qu'il renferme se trouvent placés à une assez grande distance les uns des autres, et leurs maisons rappellent en quelque mesure, a-t-on dit, les demeures des paysans russes.

Quoique ravagé par les éboulis et les avalanches, et généralement déboisé, le pays n'en est pas moins fort pittoresque. Les pentes des monts sont semées de taillis et de bouquets d'arbres crûs au milieu des blocs amoncelés, et couvertes de riches pâturages célèbres par leurs plantes alpines. Les troupeaux y sont nombreux et bien soignés.

Quant aux industries, il n'en existe pas beaucoup. La principale est celle des fromages. Cependant, par l'initiative d'agriculteurs intelligents, une nouvelle branche d'activité a récemment contribué à enrichir ces vallées. Il s'agit du cardage des laines, qui occupe maintenant, paraît-il, environ 2000 ouvriers.

Si le Briançonnais n'a pas eu de part active dans les évènements politiques qui ont agité la France, il n'en offre pas moins, pour les protestants, un grand intérêt par le rôle qu'il a joué dans les destinées des Vaudois.

C'est dans cette contrée, en effet, lieu d'origine de Valdo, selon M. Gauduel, que ce dernier se dirigea avec un grand nombre de ses adhérents, vers 1185 ou 1190,[1] lorsqu'ils furent exilés de Lyon. Tandis que quelques-uns se portèrent vers les territoires de Pignerol et d'Angrogne, le plus grand nombre se fixèrent sur le revers occidental du Viso et dans les vallées situées au pied du Pelvoux.

[1] *Valdo*, par B. Tron, p. 145.

Les seigneurs de ces contrées ne pouvaient voir que de bon œil une telle immigration qui leur apportait des colons honnêtes et laborieux, et qui mettait en valeur des terres restées en partie incultes. Bientôt de nouveaux arrivants se joignirent aux premiers, et le mouvement, en conséquence, prit des proportions si considérables qu'il commença à fixer l'attention inquiète de Rome. C'est alors qu'un édit du comte Thomas de Savoie, vicaire de l'empire, proclama, en 1220, « défense d'accorder asile à aucun Vaudois ou Vaudoise. »

La persécution força bientôt ces malheureux colons à se retirer plus avant dans la montagne. C'est ici le cas de parler d'une des traces laissées par eux, et qui a donné quelque célébrité à cette vallée. Je veux parler du rempart dit de la Bâtie, qui défendait l'entrée de Vallouise en la traversant d'une montagne à l'autre.

La construction de ce mur, renforcé de trois tours, a été attribuée tantôt à Annibal, tantôt aux Romains. Mais, d'après les indications fournies par une commission d'enquête constituée, en 1873 et 1874, par quelques Eglises protestantes, ce mur serait plus probablement dû aux Vaudois eux-mêmes, qui l'auraient élevé ou tout au moins réparé. Et c'est de là que serait venu le nom qui lui est généralement donné de « mur des Vaudois. » [1]

Retranchés derrière cette barrière fortifiée, ils auraient opposé une résistance énergique aux nombreuses incursions des troupes expédiées par les évêques d'Embrun et de Gap, sous la dépendance desquels se trouvait la contrée. Ces évêques, stimulés par les injonctions papales, en particulier par celles de Clément VI, au XIVe siècle, s'efforcèrent de détruire ce nid d'hérétiques si voisin de leur domaine, et ce n'est qu'à force de persécutions et de bûchers qu'ils y réussirent, en partie du moins. On montre encore, à la base orientale du Pelvoux, la profonde « balme, » connue sous le nom de Chapelu, qui servait d'abri à ces malheureux, et où, dans une nuit d'orage, ils furent tous égorgés. Au temps de la Réformation, une partie des habitants revinrent à leurs anciennes croyances. De nos jours l'Evangile y a repris quelque consistance par suite du ministère qu'y a exercé notre compatriote Félix Neff dans la première moitié de ce siècle, ministère si béni qu'on a quelquefois désigné de son nom les vallées où Neff a travaillé. On n'ignore pas que son influence contribua puissamment à relever le niveau intellectuel et moral de ces populations, abâtardies tant par les violences

[1] *Les Vallées de Félix Neff, leur état présent.* Lyon, Georg, 1875.

qu'elles avaient subies et par l'abjuration d'un grand nombre, que par l'abandon où elles étaient longtemps restées.

En ce qui concerne les destinées historiques du pays, rappelons qu'au temps d'Auguste, le Briançonnais faisait encore partie des Etats indépendants du roi Cottius : de là le nom d'Alpes cottiennes donné à ces hautes vallées. Il fut, dès lors, acquis par les Romains, puis il fit successivement partie du royaume des Burgondes, de l'Aquitaine et du royaume d'Arles ; enfin, après avoir passé sous le sceptre des ducs de Savoie, il se donna au Dauphin viennois et fut adjoint à la France au XIVe siècle, avec le reste du Dauphiné. Il fait maintenant partie du département des Hautes-Alpes, où il a une grande importance stratégique par le fait que Briançon, son chef-lieu, domine par les sept tours de sa citadelle la frontière d'Italie et la route du Mont Genèvre.

Ajoutons que dernièrement cette contrée a acquis quelque célébrité par les antiquités archéologiques qu'elle renferme et qui dénoteraient, déjà au temps des Gaulois, un certain degré de civilisation. On y rencontre encore la ruine d'un vieux pont, dit de l'Omelette, où les habitants allaient au printemps offrir le mets de ce nom pour célébrer le retour de l'astre bienfaisant. C'est là, vous l'avez entendu dans cette salle même de la bouche de M. le pasteur B. Tournier,[1] qu'ont été trouvées plusieurs des reliques les plus importantes de ces temps préhistoriques et dont quelques-unes sont déposées au musée de Lyon.

Il n'est pas sans intérêt de mentionner encore le fait qu'une petite colonie de guerriers sarrasins se serait fixée dans l'une de ces vallées, apparemment dans le Xe siècle, vers 950 ou 951, et qu'après s'être soumis à payer tribut au roi de Bourgogne, ses membres devinrent de paisibles agriculteurs et se marièrent avec des femmes indigènes.[2] Un de leurs descendants vint se réfugier à Genève à l'époque de la Réformation. Il fut la souche de la famille bien connue dans les annales genevoises des Fazy, dont le nom primitif serait El-Fazy.

C'est dans les hautes vallées que nous venons de décrire, que se passèrent les scènes retracées par M. Gauduel, auquel je passe maintenant la parole:

« Les progrès de la doctrine des Vaudois, dit M. Gauduel, s'étaient tellement propagés que les papes, qui résidaient alors à Avignon, s'en émurent.

[1] Voir *Essai d'un inventaire d'archéologie préhistorique du département des Hautes-Alpes*, par B. Tournier. Paris, Reinwald et Cie.

[2] Voir The Continent and Swiss Times, *The Saracenes in the Alps*. Geneva, 5 may 1880.

Simon de Brion, connu sous le nom de Martin IV, en cela d'accord avec le dauphin Humbert Ier (1290), prescrivit à l'archevêque d'Embrun de poursuivre les hérétiques. Guillaume de Saint-Marcel, natif de l'Embrunois, religieux de l'ordre des frères mineurs, fut nommé inquisiteur à l'effet de ramener les Vaudois à la foi catholique et d'extirper l'hérésie dans le Briançonnais. Toutefois, il est probable que la mission de cet inquisiteur ne fut pas remplie avec la même sévérité que par ses successeurs, et que la répression exercée par lui ne fut que de courte durée, car je n'ai trouvé, continue M. Gauduel, aucune trace de persécution vers cette époque. Le nombre des prosélytes dut, dès lors, s'accroître. »

Le pape Benoît XII[1] reprit la persécution avec énergie. En 1335, il adressa à Humbert II une bulle, dans laquelle il lui exposait les dangers de la propagation de l'hérésie dans ses Etats. Humbert, pour lui être agréable, ordonna aux baillis, juges et procureurs de poursuivre rigoureusement les Vaudois ; mais ceux-ci fuirent à l'approche de leurs persécuteurs, et plusieurs se réfugièrent dans les montagnes inaccessibles qui forment le massif du Pelvoux. On lit dans un compte présenté en 1336 par Guigues Borrel ou Borelli, bailli d'Embrun,

[1] Ici, pour abréger, je résumerai le travail de M. G.

BIBLIOTHÈQUE NATIONALE R.F. IMPRIMÉS

qu'une chevauchée (cavalgata), destinée à une expédition pour le nord du Dauphiné appelé Burgondia, fut contremandée et dirigée vers les Vallées pour contraindre par la force les Vaudois à abjurer ou à subir le supplice du feu. [1]

Le 26 octobre 1338 et le 7 novembre 1339, l'inquisiteur se transporta à Vallepute, où il prononça des condamnations contre les hérétiques et confisqua leurs biens. Bertrand Gili, châtelain, les fit vendre aux enchères et reçut les deniers en provenant; il en tint compte à la princesse d'Orange, [2] cessionnaire des droits de la châtellenie. [3]

Un nommé Jean Dydelin fut chargé de l'exécution des arrêts prononcés par l'inquisiteur, notamment de faire exhumer les Vaudois morts dans l'hérésie pour les faire brûler publiquement. Un de

[1] Pro mandanda et contramandanda cavalgata Burgondie pro persequendis Valdensibus.

[2] La veuve de Raymond III de Baux, prince d'Orange.

[3] Item de condempnationibus Valdesiorum latis per inquisitorem heretice pravitati die XXVI octobris currente M CCC XXX VIII et die VII novembris M CCC XXX IX et de extimatione in pe(cun)ia bonorum confiscatorum dictorum Valde(sioru)m mod(er)atis ipsis condempnationibus et extimatione predictis ut sit in litteris testim(onialib)us ipsius inquisitoris, dictas condempnationes et confiscationes continentibus, continetur usque ad CC florenos in tetu (?) pro parte domini in dictos CC florenos contingente ipsi domino C florenos; valent C solidos grossos. Reddidi ipsas litteras signatas dicto inquisitori et manu sigillatas.

ces auto-da-fé eut lieu le 15 novembre 1339 (selon compte rendu à la Sône, près Saint-Marcellin, en 1340).[1]

Quelques Vaudois du Queyras furent aussi arrêtés et renfermés dans le château de Briançon. Guigues Leuczon, châtelain du Queyras, paya 21 sous (ou gros) pour cette dépense.

Un nommé Rifle de Vallouise et sa femme furent condamnés à une amende, mais ils abjurèrent et sollicitèrent de l'archevêque d'Embrun la remise de leur peine, qui fut réduite à 66 sous 8 deniers.

Voilà, dit M. Gauduel, tout ce qu'il a trouvé pendant la période de 1338 à 1340.

Le 21 novembre 1347, à Quirieu (sur le Rhône), un hérétique du nom de Vicard fut, sur les réquisitions d'Orland Rodolphe, procureur, condamné par Pierre de Pierre, juge de la terre de la Tour, à être brûlé vif.[2]

[1] Item deducuntur que solvit cuidam carnacerio appelato Johannes Dydelini qui pro exequutione sententie late contra hereticos mortuos per d(ominu)m inquisitor(em) ut ossa ipsorum exhumarentur deinde combu(re)rentur ipsa ossa concremavit die XV novembris proximo (anno) preteriti, re(ddi)dit instrumentum confessus dicti carnificis v solidos grossos.

[2] Cette exécution est aussi mentionnée dans un compte de 1351, présenté par François de Saint-Germain, châtelain de Quirieu : Item deducuntur pro *minjaylliis* dicti

Le pape Clément VI (Pierre Roger), trouvant que les baillis du Dauphiné ne poursuivaient pas encore assez énergiquement les Vaudois, profita de la présence de Humbert II, qui résidait alors momentanément à Avignon, pour obtenir des prescriptions plus sévères contre ces hérésiarques. Humbert, timoré, dévot et désireux d'être agréable au pape, adressa, le 2 janvier 1348, de Villeneuve-Saint-André près d'Avignon, une injonction au bailli d'Embrun pour qu'il agît rigoureusement et qu'il prêtât main-forte à l'archevêque d'Embrun dans ses poursuites contre les Vaudois. Le 7 mars 1352, le pape écrivit d'Avignon à tous les évêques, abbés, seigneurs et juges du Dauphiné pour leur enjoindre de venir en aide à Guillaume VII, dit de Bordes, archevêque d'Embrun, afin de purger les vallées de l'hérésie dont elles étaient infectées. Pierre de Monts, frère mineur, fut l'inquisiteur chargé de présider à cette persécution. Humbert II, de son côté, ordonna aux baillis, juges et procureurs, de prêter main-forte à l'archevêque d'Embrun dans le même but.

A partir de 1365, la persécution reprit avec une violence redoutable. Je vous en épargnerai ici les affligeants détails et me bornerai à vous dire que de

Vicardi heretici qui fuit combustus (*Minjayllis*, en latin du moyen âge, signifie nourriture, victuailles).

nouveaux bûchers et de nombreuses confiscations eurent lieu dans le Briançonnais, notamment en 1393, puis en 1432. M. Gauduel en donne la triste nomenclature,[1] avec les noms exacts des victimes et les termes des jugements qu'elles subirent. Quelques-uns des accusés, il est vrai, furent mis en liberté, après une détention plus ou moins longue, mais tout porte à croire que ce fut par suite de leur abjuration.

Voilà, Messieurs, des faits authentiques à ajouter aux sinistres annales léguées à la postérité par l'Inquisition, et dont aucun historien n'a encore fait mention.[2] Si le simple et rapide exposé que je viens de vous faire a pu avoir pour vous quelque intérêt, la reconnaissance en est due avant tout à l'honorable correspondant qui a bien voulu me faire part de ses découvertes, et qui, appartenant à la confession romaine, n'est pas suspect en ces matières.

[1] Voir l'Appendice.

[2] « La persécution s'était déjà, sans doute, approchée plusieurs fois : elle avait même fait verser bien des larmes dans l'Embrunais, quoique l'histoire s'en taise encore. » Ant. Monastier, *Histoire de l'Eglise vaudoise*, t. I p. 168.

APPENDICE.

En 1365, les Vaudois subirent une nouvelle persécution qu'on trouve mentionnée dans un compte présenté en 1366 par François Chays, châtelain de Valcluson, Vallouise et Saint-Martin de Queyrières. L'inquisiteur qui la dirigeait est seulement désigné sous le nom de François. Il s'agit, sans doute, ici du trop fameux François Borrelli, religieux de l'ordre des frères mineurs, que les auteurs font paraître seulement en 1369. Son secrétaire ou greffier était Pierre Alphand, notaire. [1] Toutefois, on trouve l'indication que Guillaume Henri, juge de Briançon, sur les réquisitions d'Otton de Calme, procureur, procéda à l'inventaire des biens confisqués contre les Vaudois condamnés au feu par l'inquisiteur *François.*

Voici quelques détails sur plusieurs victimes de cette persécution :

Jean Granet et sa femme, de Puy-Alliaud. De leurs biens confisqués il a été vendu trois vaches et deux veaux pour 10 florins dont le châtelain fit recette.

Guillaume Pelat et Guillaume Berard furent brûlés

[1] M. Alphand, architecte de la ville de Paris, est originaire du Briançonnais.

vifs. Pelat avait une vache et un veau qui furent vendus à Barthélemy Alphand. Le supplice de ces deux Vaudois eut lieu, en même temps que celui de Rudan et de la mère de ce dernier, sur le même bûcher.

Guillaume Long et sa femme furent brûlés vifs. Leur vache fut vendue à Guillaume Breton.

Jean Long, de Saint-Martin de Queyrières, fut arrêté à son domicile par le châtelain Chays et le notaire Alphand, assistés de six soldats. Il fut brûlé vif avec Guillaume Roman, des Arnauds. Barthélemy Hugon, du Puy-Saint-Romain, achète ses deux vaches, et Jean Chabrel achète ses vêtements, qui étaient en drap blanc (*panno albo*).

Martin Chabrel fut aussi brûlé vif. On trouva dans son escarcelle deux florins. [1]

Jean Blanchard, syndic du Val-des-Prés et de Montjean, fut condamné à payer une amende de 5 florins pour avoir facilité l'évasion des hérétiques de ces localités, qui étaient condamnés au supplice du feu.

Jean Violin, dit Gros, fut aussi brûlé vif. Il fut supplicié avec Martin Chabrel. Le bois acheté pour leur bûcher coûta 62 sous 6 deniers.

Quelques Vaudois incarcérés et conduits devant l'inquisiteur à Briançon furent, après une détention plus ou moins longue, et après enquête et interrogatoire, mis en liberté, probablement parce qu'ils renoncèrent à leur croyance pour se soustraire au châtiment qui les menaçait.

Bartholomée, femme de Pierre Juven, fut arrêtée et conduite à Briançon, où elle passa en jugement et subit

[1] Item qui inventi sunt in escarcella Martini Chabreli combusti, II flor.

également le supplice du feu avec Guillaumette, femme de Jean Long, Jourdaine, fille de Pierre Hugon, Jeanne, femme d'Etienne Jourdan, et Bonard le Vieux (*scnioris*). La femme Juven possédait des vignes dont le fisc s'empara. La récolte saisie fut vendangée et mise en cuve par Hugues Perrin, dans la maison même de la femme Juven, mais les Vaudois, pendant la nuit, incendièrent la maison et répandirent le vin, probablement dans le but de priver le Trésor delphinal du produit qu'il comptait en tirer.[1]

Alaysia (Louise), femme de Jean Hugon, fut aussi brûlée vive.

L'inquisiteur fit rendre à la liberté Jeanne, femme de Jacob Amfès, et Emerarde, femme de Hugues Sandiac, ainsi que quelques autres hérétiques, toutefois après enquête et interrogatoire. Il est probable aussi que, pour éviter l'atroce supplice qui les attendait, ils renoncèrent à leur croyance.

La soldatesque employée à la poursuite et à l'arrestation des malheureux Vaudois, ainsi qu'à leur supplice, se composait de Guillaume Andrin, Falque Bouchard, Guigne Giraud et Robert. Ils reçurent comme salaire 9 gros deniers pour avoir arrêté et conduit à Briançon, chez l'inquisiteur, les captifs Jean Chabrel et Jean Hugon. Ils y conduisirent aussi Guillaume Simon et sa femme, Florette, femme Roudet, Jean Aley, Monin et Jean Hugues, après les avoir arrêtés.

[1] De vino qui crescit in vineis Bartholomee uxoris Petri Juvenis combuste quas excole(re) fecerat dictus Franciscus per manu Hug P(er)ini, expensis domini non computat quia affirmavit que dictum vinum repositum in vasis in domo dicte Bartholomee fuit perditum et dicto domo combusto per alios hereticos de uvete.

Jeanne, femme d'Etienne Bernard le Vieux, et la mère de Guillaume Pelat, celle de Rodolphe Monnier, et la femme de Jean Long, furent aussi arrêtées par six soldats[1] et conduites sur des mulets, à Briançon, devant l'inquisiteur.

Comme précédemment, les ossements des Vaudois morts dans l'hérésie furent exhumés et brûlés publiquement sur l'ordre de l'inquisiteur. La dépense du bois fut de 2 florins 2 gros. [2]

Dans un autre compte de la même année, présenté à Grenoble, à la Cour des comptes, par Costandet de Bardonnenche, administrateur de la châtellenie de Bardonnenche, on remarque un article de dépense portant que deux hommes venant de Turin et soupçonnés de perversité hérétique (*heretica pravitate*) furent arrêtés et mis en prison dans le château de Bardonnenche. Ils dépendaient de la juridiction de l'inquisiteur de Turin, et devaient être jugés par lui; mais, dit le compte, l'inquisiteur négligeait les poursuites et était trop disposé à l'indulgence, de sorte que ces deux Vaudois furent conduits par deux hommes et deux cavaliers au château de Montbonnot, près Grenoble, où l'inquisiteur se trouvait alors et où ils furent incarcérés et jugés. [3]

[1] Clientes.

[2] Item pro exhumandis et comburendis ossibus plurum personnarium condempnatarium per dominum inquisitorem reddidit particulam II flor. II gros. XXXVII solidos XI denarios X.

Item magis pro eodem, XXXVIII solidos XI denar.

[3] Solvit pro expensis suis duorum hominum qui Vencentium Turini, accusatorum de heretica pravitate et diu steterant propter in castro Bardoneschie carceribus mancipati adduxerunt apud montem Bonondum ad finem pro justitiæ ministraretur de ipso per inquisitorem qui tunc erat apud Gronopol(im) quia inquisi-

En mars 1365, l'inquisiteur envoie dans les montagnes qui dominent Vallepute une troupe composée de 53 soldats et 55 hommes pour s'emparer des hérétiques qui s'y étaient réfugiés dans des endroits inaccessibles, afin de se soustraire aux poursuites de l'inquisiteur.[1] Jean Alliey et Guillaume Pelat y furent pris et transférés à Briançon, où ils furent ensuite jugés.

Dans un compte présenté en 1382 par Pierre Robin, châtelain du palais d'Embrun, pour sa gestion de 1380 à 1382, période qui s'applique à la persécution qu'a dirigée François Borel de Gap, frère mineur, avec Jean Du Rif, juge-mage d'Embrun, et qui est relatée par Valbonnais et Guy Allard, on lit que ce châtelain paya, le 27 novembre 1382, 25 florins à Girard Burgaron, capitaine de 22 aventuriers, sur l'ordre du frère François de l'ordre des frères mineurs, pour la capture de plusieurs Vaudois entachés de perversité hérétique, capture qui dura neuf jours.[2]

Le 10 février 1382, il paya 3 florins à Guillette, veuve de Jacob Tronne, pour le prix du bois destiné au bûcher

tor in partibus pr(ovinc)ie et dyocesie Taurinense negligens et remissis excitat in faciendo justicia de eodem pro CCCC diebus quibus cetera hec vacantur, vacaverat veniendo, stando et redeundo et pro duobus equitatius VIII flor.

[1] Item misit in Montaneis in mense marcii (M CCC) LXV (1365), una vice LV homines et intra (?) secundo LIII clientes causa capiendi plures hereticos de precepto dicti inquisitoris quia fugerant et se exconserant in dictis montaneis et solvit per ejusdem pro uno XXVII solidos.

[2] Solvit Girardo Burgaronis capitaneo XXII brigandorum pro stipendiis suis capiendo plures Valdenses culpabiles heresic pravitate pro exequtione de ipsis facienda, de precepto fratris Francisci ordinis minoris inquisitori heretice pravitati ut constat per suam certificationem scriptum die XXVII novembris M CCC

de trois Vaudois suppliciés sous la roche d'Embrun.[1] Ces Vaudois se nommaient: Jean Ucrisson, Marguerite, femme Tournat, de Vallepute et de Puy-Saint-Romain, et Berthe Bonadel.[2] Ils sont restés détenus pendant 49 jours à Embrun.

D'autres Vaudois furent aussi brûlés vifs à Vallepute, entre autres : Alfande, fille de Hugues Alfand, après deux mois de détention ; Jeanne, femme d'Etienne, seigneur du Puy-Saint-Romain, après un mois, et Jean Dragonet, après neuf mois. Leurs biens furent aussi confisqués.[3]

Le même châtelain paya aussi à Pierre Robin et à quatre cavaliers employés à l'arrestation et au supplice

LXXXII que serviet aliis quatuor partibus stabilitas que confessionem dicti Girardi in qua declaravit nomine dictorum brigandorum datam die xxviii novembris predictum xxv flor(enos).

[1] Solvit Guillete relicte deffuncti Jacobi Tronni pro venditione certorum lignorum emptorum pro comburendo tres Valdenses qui fuerunt combusti subtus ripem Ebreduni per quittantiam dicte Guilleti scriptam die x februaris M CCC LXXXII - III florenos.

[2] Item, pro alimentis seu expensis certorum Valdensium qui fuerunt in carcere dicti palatii donec fuerunt combusti videlicet : Johannes Ucrissoni, Margarita uxor Turnati de Vallepute, Podu Sancte Romani, et Berthe Bonadelli qui fuerunt combusti subtus Rupem pro VIIta ebdomadas et ultra valent XLIX dies.

[3] Item, Alfanda, filia Hugonis Alfandi, per II menses faciendis LX dies, Johannes Dragoneti, none menses faciendis CCLII dies, et Johanna uxor Stephani Domini de Podio Sancti Romani per unum mensem valent XXX dies qui III fuerunt combusti in Valleputo et bona eorum confiscata domino dalphino. Pro toto CCCCIX dies valent justam taxationem inquisitori videlicet ad rationem per qualis personna unus parpallolie (parpaillon, pièce de monnaie) pro die per certificationem dicti inquisitoris superius redditam MM CCCC LIIII parpallolies valent XVIII parpallolies pro uno floreno computat CXXXVI florenos.

d'autres Vaudois, pour leur salaire pendant deux mois, la somme de 30 florins.[1]

Il résulterait de ces renseignements que les Vaudois ont été persécutés bien avant 1382. Cependant il est à présumer qu'ils ne furent activement poursuivis dans les vallées dauphinoises que sous Humbert II, qui tenait à plaire aux papes d'Avignon, auprès desquels il résidait souvent et avec lesquels il était en fréquentes relations.

[1] Item, dicto Petro Robini pro suis labore et expensis in p(er)-sequt(i)o(n)e(m) dictorum Valdensium et captionem eorumdem quibus vacavit cum IIII equis per duos menses ut asseruit suo instrumento ad rationem per qualibus die X solidos juxtam taxationem antiquam de xxte solidos per florenos valent xxx florenos delphinales.

BIBLIOTHÈQUE NATIONALE R.F. IMPRIMÉS.

67

www.ingramcontent.com/pod-product-compliance
Ingram Content Group UK Ltd.
Pitfield, Milton Keynes, MK11 3LW, UK
UKHW020522230726
13925UKWH00005B/2216

9 782014 450187